SANDY GREEN

UNSCHLAGBAR GUT GOLFEN

WERTVOLLE INSIDERTIPPS AUS DEM JAHR 1925

Aus dem Englischen von
Annika Klapper

DUMONT

Sandy Green © 1925
Die englische Originalausgabe erschien 2020
unter dem Titel *Don'ts for Golfers*
bei Bloomsbury Publishing Plc, London.
Fotografien © Getty
Design: Plum5 Limited

Erste Auflage 2023
© 2023 für die deutsche Ausgabe:
DuMont Buchverlag, Köln
Alle Rechte vorbehalten

Verlagskoordination: Kathrin Nick
Lektorat: Kerstin Thorwarth
Fachliche Beratung: Manuel Unger
Satz: mittelstadt 21, Vogtsburg-Burkheim
Umschlaggestaltung: Birgit Haermeyer

Printed in Italy

ISBN 978-3-8321-6927-5
www.dumont-buchverlag.de

*»Irritieren Sie Ihren Gegner
nicht mit knalligen Farben. Ihn mit
einem bunten Pullover oder
verstörend grellen Golfsocken abzulenken,
bedeutet, sich auf perfide Weise
einen Vorteil zu verschaffen.«*

EIN HINWEIS ZUM TEXT

Der Text des englischsprachigen Buches *Don'ts for Golfers* liegt in der originalen Version vor, die 1925 in London veröffentlicht wurde. Das Vorwort, die Fotos und die Bildunterschriften wurden für die aktuelle Ausgabe hinzugefügt.

INHALT

Vorwort	6
Einleitung	8
I. Der Golfschlag	11
II. Der Schlag mit dem Eisen	15
III. Der Schlag mit dem Mashie	21
IV. Im Bunker	25
V. Putten	29
VI. Fehler	37
VII. Schläger	41
VIII. Im Clubhaus	47
IX. Kleidung	55
X. Allgemeine Grundsätze	65

Vorwort

Hallo und herzlich willkommen zu *Unschlagbar gut golfen*. Als ich 1991 das Masters Tournament in Georgia, USA, gewann, war das mein erster Major-Sieg und der Höhepunkt meiner Karriere als Golfer – ein Sieg, der durch den Ort, an dem er sich ereignete, noch bedeutender wurde: den legendären Augusta National Golf Club. Dieser historische Club ist bekannt für seine strengen Regeln während des Turniers – es ist verboten zu rennen, Mobiltelefone zu benutzen, Fotos zu machen und so weiter –, aber gerade diese Regeln tragen dazu bei, dass das Masters eines der wichtigsten, wenn nicht sogar *das* wichtigste Golfevent des Jahres ist.

Das Gleiche gilt im Grunde genommen für das Golfen selbst. Jedes Verbot, das der Trainer einem auferlegt, wenn man Golfspielen lernt, jede Richtlinie der Golf-Etikette, die darauf verweist, was man nicht tun sollte, hat eine positive Seite, wodurch man schnell all die fantastischen Aspekte dieses wunderbaren Sports zu erkennen und zu schätzen beginnt.

Erfreuen Sie sich also an dem ersten vollen Schwung, der den Ball perfekt geradeaus nach vorn katapultiert. Seien Sie stolz auf das überraschend erreichte Par. Kosten Sie jenen langen Birdie-Putt aus, mit dem Sie am letzten Loch gewinnen. Und vergessen Sie bitte *nicht*, die Lektüre dieses Buches zu genießen.

Ian Woosnam, 2020

Einleitung

Es war einmal ein würdevoller Pfarrer der schottischen Kirche, der im fortgeschrittenen Alter damit begann, Golf zu lernen. Bald schon musste er feststellen, dass es gar nicht so einfach ist, wie es aussieht, jenen kleinen, harten Ball elegant ins Weite zu schlagen. Zudem überraschte es ihn, mit welcher Leichtigkeit Gefühlsausdrücke seine Lippen verließen, die mit seinem geistlichen Stand nicht so recht vereinbar waren. Als er nach dem Spiel ins Clubhaus zurückkehrte, rief ihm einer der anderen Golfspieler zu: »Na, Herr Pfarrer, ich hab Sie im letzten Bunker *gehört*. Was halten Sie von dem Spiel?«

Der Pfarrer schüttelte traurig den Kopf und errötete bei dem Gedanken an seine Worte, die der andere mitbekommen hatte.

»Ich fürchte, ich werde es aufgeben müssen«, antwortete er.

»Wie bitte? Sie wollen das Golfen aufgeben?«, fragte der andere Spieler.

»Nein, nein!«, entgegnete der Pfarrer und lief erneut auf das erste Tee zu. »Ich werde wohl das geistliche Amt aufgeben müssen!«

Diese Anekdote zeigt die richtige Einstellung, mit der man Golf spielen sollte, obgleich die Leser und Leserinnen mithilfe der folgenden Insidertipps vielleicht nicht ganz so extrem handeln müssen wie unser Geistlicher aus Schottland. Die Tipps in diesem Buch basieren auf praktischer Erfahrung sowie auf einer Vielzahl – wie es bei Shakespeare heißt – »weiser Sprüch' und neuester Exempel« der Meister des königlichen alten Spiels.

Sandy Green, 1925

Niemand konnte den Ball so schlagen wie der legendäre Bobby Jones (1902–1971). Sein Geheimnis? »Golf«, erklärte er, »ist ein Spiel, das man auf einem fünfzehn Zentimeter breiten Feld spielt – der Entfernung zwischen unseren Ohren.«

I. Der Golfschlag

Bewegen Sie nicht den Kopf, während Sie einen Golfschlag ausführen.

Umschließen Sie den Schläger nicht mit *allen* Fingern. Die Daumen und Zeigefinger sind am wichtigsten für einen guten Griff.

Verlieren Sie nicht Ihr Gleichgewicht, wenn Sie den Ball mit einem vollen Schwung abgeschlagen haben. Das Schlägerblatt führt, die Arme folgen.

Bewegen Sie Ihre Arme nicht zu kraftvoll nach vorne, wenn Sie den Abwärtsschlag beginnen. Lassen Sie sie vom Scheitelpunkt des Schwungs aus auf ihre eigene Art und Weise herumschwingen.

Fürchten Sie sich nicht vor harten Schlägen. Wenn Ihr Schwung stimmt, brauchen Sie kaum Kraft, egal, wie hart Sie schlagen.

Beginnen Sie Ihr Training nicht mit den schwierigsten Golfschlägen. Sie sollten zunächst die einfachen Schläge beherrschen. Ob blutiger Anfänger oder Gelegenheitsspieler – Ihr Spiel wird sich mit der Zeit verbessern. Die meisten Scratch-Golfer stimmen Harry Vardon (1870–1937) zu: Die einfachsten Schläge sind jene vom Tee mit einem Brassie (Holz 2) oder vom Fairway mit einem Eisen.

Denken Sie nicht, dass Sie, wenn Sie den Brassie am Abschlag verwenden, den Driver vernachlässigen. Beide, Driver und Brassie, eignen sich gleichermaßen für einen Abschlag vom Tee oder von einer guten Position auf dem Platz. Der Brassie verfügt lediglich über etwas mehr Loft, weshalb sich Anfänger sicherer fühlen, wenn sie mit diesem Schläger mit seiner Sohle aus Messing vom Tee

DER GOLFSCHLAG

abschlagen. Die so gewonnene Praxis zahlt sich später aus, wenn man den Brassie vom Fairway benutzen soll.

Begehen Sie nicht den Fehler, den Ball zu hoch aufzuteen. Je weniger Sand Sie für das Tee gebrauchen, desto besser. Es sollte so aussehen, als würde der Ball den Boden gerade noch berühren, nicht aber auf einem Hügel liegen.

Denken Sie immer daran, den Ball aufzuteen, wenn Sie abschlagen. Am besten verwendet man ein Tee aus Holz und nicht – wie der Sänger und Schauspieler Al Jolson – einen Hut.

Wenn Sie Ihr Golfspiel verbessern wollen, dann müssen Sie lernen, wie Sie Ihre Eisen richtig einsetzen. Im Idealfall sollte allerdings niemand direkt neben Ihnen stehen, wenn Sie zum Schlag ausholen.

II. Der Schlag mit dem Eisen

Vergessen Sie nicht, dass das Eisen und der Cleek (Eisen 1) einen kürzeren Schaft als der Brassie oder Driver aufweisen. Je kürzer der Schaft, desto näher sollten Sie am Ball stehen.

Verbiegen Sie sich nicht unnötig. Verringern Sie den Abstand zum Ball.

Beugen Sie den Rücken nicht stärker, wenn Sie mit einem Eisen oder Cleek schlagen als bei Abschlägen mit dem Holz 1. Bei einem Schlag mit dem Cleek stehen die Füße näher zusammen – und noch näher, wenn Sie das Eisen verwenden.

Vergessen Sie nicht, vor den Ball zu zielen, niemals direkt auf den Ball, wenn Sie mit einem Cleek oder Eisen abschlagen. Visieren Sie einen Punkt wenige Millimeter vor dem Ball an; die Stelle zwischen dem Ball und dem auf dem Boden ruhenden Golfschläger ist die Stelle, auf die Sie beim Ansprechen des Balls schauen sollten.

Vernachlässigen Sie nicht die wichtige Regel, den Kopf still zu halten, die auch gilt, wenn Sie mit einem Driver oder Brassie abschlagen. Diese überaus bedeutsame Devise gilt für jeden Schläger. Deshalb wird sie so oft erwähnt.

Benutzen Sie den Cleek nicht, bevor Sie sich nicht sicher mit dem Eisen fühlen. Was der Brassie im Verhältnis zum Driver ist, ist das Eisen im Verhältnis zum Cleek.

DER SCHLAG MIT DEM EISEN

Ein genaues Spiel erfordert Übung und Konzentration. Doch nehmen Sie sich kein Beispiel an dem amerikanischen Profigolfer Wilfrid Reid (1884–1973): Eine Zigarette im Mundwinkel ist nicht erforderlich.

Halten Sie Ihren Schläger nicht derart fest in den Händen, dass Sie starr werden und Ihre Muskeln verkrampfen. Bei Schlägern aus Eisen ist ein etwas festerer Griff in der Tat wünschenswert, denn sie neigen dazu, sich in den Händen zu drehen, sobald sie auf dem Boden aufkommen. Wenn Sie sich auf den Daumen und Zeigefinger konzentrieren, passen sich die anderen Finger automatisch mit dem nötigen Druck an.

Legen Sie die Arme nicht eng an die Seiten des Körpers an, nur weil Sie etwas näher am Ball stehen. Lassen Sie Ihre Arme frei hängen. Bestimmen Sie die Länge Ihres Schlags mithilfe des Rückschwungs.

Bremsen Sie nicht kurz vor dem Moment des Ballkontakts ab, wenn Sie nicht so weit schlagen wollen. Stattdessen sollten Sie Ihren Rückschwung verringern. Schlagen Sie den Ball stets ohne Zögern.

Richten Sie nicht Ihren Oberkörper auf, wenn Sie einen Golfschlag ausführen. Das passiert

DER SCHLAG MIT DEM EISEN

häufig, wenn man den Ball mit einem Eisen oder Cleek abschlägt und während des Schlags dazu neigt, sich zu ducken.

Das britische Komikerinnen-Duo Gert and Daisy versucht, ein paar Bälle zu spielen. Allerdings – und das wird Ihnen jeder Spieler bestätigen – gibt es beim Golfen nichts zu lachen.

Das Beherrschen des Mashie kann eine der schwierigsten Übungen im Golfspiel darstellen. Unser Tipp? Überlassen Sie das den Profis, wie zum Beispiel dem US-amerikanischen Ryder-Cup-Spieler Leo Diegel (1899–1951).

III. Der Schlag mit dem Mashie

Machen Sie nicht den Fehler, den Mashie aufgrund seines Lofts als einfachen Schläger anzusehen. Es handelt sich hierbei vielmehr um einen Schläger, mit dem man höchst sorgsam umgehen muss. Tägliches Trainieren mit einem Mashie wird Ihnen zeigen, dass er ein Freund oder ein Feind sein kann – je nachdem, ob Sie ihn angemessen behandeln oder nicht.

Vergessen Sie nicht, dass der Erfolg eines Schlags mit einem Mashie in besonderem Maße von der Bewegung der Knie abhängt. Das »Schwenken« geschieht allein aus den Knien heraus. Die Füße bewegen sich nicht vom Fleck; es mag lediglich sein, dass der rechte Fuß im Treffmoment leicht nach innen geneigt ist, doch seine grundsätzliche Position ändert er dabei nicht.

Versuchen Sie nicht, Ihre Schläge mit dem Mashie zu löffeln. Schlagen Sie den Ball unbefangen ab – der Schläger hat ausreichend Loft.

Seien Sie nicht in Eile, wenn es darum geht, vom Boden aufzuschauen. Man neigt von Natur aus dazu, sofort nachzusehen, wie nah am Ziel der Ball gelandet ist. Halten Sie den Kopf lieber ruhig, bis Sie den Durchschwung wirklich beendet haben.

Vergessen Sie nicht, wie hilfreich ein Cut mit dem Mashie sein kann, wenn Sie befürchten, der Ball könnte zu weit ausrollen.

Haben Sie beim Cut keine Angst davor, im Treffmoment das Schlägerblatt des Mashie scharf am Ball vorbeizuziehen. Und bedenken Sie, dass Sie auf einen Punkt etwa einen Meter links vom Flaggenstock entfernt zielen sollten, weil der Ball, sofern mit einem anständigen Cut-Schlag gespielt, mit Drall nach rechts rollen wird, sobald er auf dem Boden aufkommt.

Unterschätzen Sie nicht den Wert eines Punch, wenn Sie einen flachen Schlag so ausführen wollen, dass der Ball in geringer Höhe über das Rough fliegt, um schließlich auf dem glatten Untergrund rollend aufzukommen. Dies erreichen Sie ganz leicht, indem Sie den Ball sauber auf Höhe des hinteren Fußes treffen und im Treffmoment die rechte Hand leicht überholen lassen.

Drehen Sie die rechte Hand beim Spielen eines Pull nicht zu stark, denn bereits ein Millimeter zu weit kann verheerende Folgen haben.

Haben Sie keine Angst vor dem Bunker. Geben Sie sich einfach dem Schlag hin, aber rechnen Sie damit, dass Ihr Partner sich vor Lachen auf dem Boden kugelt, wenn es der Ball nicht aus dem Sand herausschafft.

IV. Im Bunker

Lassen Sie sich nicht entmutigen. Wenn Sie nicht die Nerven verlieren, ist der Bunker meistens deutlich weniger furchterregend als das Rough.

Versuchen Sie nicht zu viel. Begnügen Sie sich mit der einfachsten Option. Natürlich gibt es extreme Fälle, die extreme Mittel erfordern, doch im Allgemeinen gilt: Auf Nummer sicher gehen steht im Bunker an oberster Stelle.

Scheuen Sie sich nicht davor, in die Ferne zu zielen, wenn Sie aus dem Bunker herausspielen, sofern der Ball erhöht oder zumindest auf einer flachen, sauberen Fläche im Bunker liegt. Berücksichtigen Sie die Nähe und Höhe der Bunkerkante, und führen Sie einen sauberen Schlag mit dem passenden Schläger aus.

Versuchen Sie nicht, einen eingegrabenen Ball direkt zu treffen. Zielen Sie auf den Sand (oder anderen Untergrund) einige Zentimeter vor dem Ball und kümmern Sie sich nicht um den Durchschwung. Der Kopf des Niblick (Sand Wedge) sollte am Ende des Schlags im Bunker begraben sein. Je kürzer der Ball fliegen soll, desto mehr müssen Sie durch den Sand schlagen.

Scheuen Sie sich nicht, den Ball kraftvoll zu schlagen.

Vergessen Sie nicht: Sie können nie zu tief mit Ihrem Niblick im Sand sein.

Glauben Sie nicht, dass Ihr Niblick ohne Weiteres hohes, struppiges Gras umnietet und gleichzeitig den Ball nach oben katapultiert. Das wird er nicht. Zielen Sie daher auf eine Stelle vor dem Ball. Das Gras wird beim folgenden Durchschwung dran glauben müssen.

In zahlreichen Clubs gelten strenge Regeln, was die Kleidung beim Golfen anbelangt. Für den Lido Beach Country Club auf Long Island trifft dies offensichtlich nicht zu.

Übung macht bekanntlich den Meister. Das gilt auch für den Golfsport. Ob Sie jedoch jemals meisterhaft spielen werden, ist eine ganz andere Frage.

V. Putten

Seien Sie nicht nervös. Beim Putten geht es in erster Linie um Selbstvertrauen.

Lassen Sie sich nicht vom Loch einschüchtern. Die Furcht davor, nicht zu putten, obwohl sich der Ball nur wenige Zentimeter vom Loch entfernt befindet, ist schuld an unzähligen misslungenen Putts.

Sorgen Sie sich nicht darum, wie Sie Ihren Putter benutzen sollten. Es gibt keine festen Regeln dafür. Finden Sie heraus, auf welche Weise Sie den Ball am leichtesten ins Loch befördern können, und halten Sie sich in Zukunft an diese Methode.

Werden Sie nicht nachlässig. Denken Sie auch hier daran, Ihren Kopf still zu halten.

Bewegen Sie Ihren Körper nicht. Finger und Handgelenke sorgen für eine angemessene Pendelbewegung.

Missachten Sie nicht die alte Maxime »*Never up, never in*«. Schlagen Sie den Ball kraftvoll, und schauen Sie erst auf, wenn Sie Ihren Durchschwung abgeschlossen haben.

Betrachten Sie die Puttlinie nicht von beiden Seiten. Das verwirrt Sie nur. Sie sehen dann so viele verschiedene Linien, dass Sie am Ende noch die falsche wählen.

PUTTEN

Lassen Sie sich nicht von kurzen Putts entmutigen, die danebengehen. Selbst »The King« Arnold Palmer (1929–2016) misslangen einige; dennoch errang er 62 PGA-Tour-Siege.

Verlieren Sie nicht aus den Augen, dass ein Partner, der gelassen und präzise putten kann, von hohem Wert ist, wenn man einen Vierer spielt. Jeder Spieler hat nur neun Abschläge, aber es gibt achtzehn Greens, auf denen Sie und Ihr Partner höchstwahrscheinlich den Putter schwingen dürfen.

Geben Sie sich nicht damit zufrieden, den Ball nur »tot ans Loch zu legen«. Spielen Sie auf das Loch. Es kann immer sein, dass der Ball einfach hineinfällt, und ebenso kann es sein, dass er seitlich am Loch vorbeirollt, wenn der Putt nicht gelingt.

Lassen Sie Ihre Gedanken nicht abschweifen, wenn Ihr Gegner zuerst puttet. Beobachten Sie konzentriert die Bewegung des Balls Ihres Gegners, dann erhalten Sie wertvolle Informationen über die Geschwindigkeit und das Gefälle des Grüns.

Unterschätzen Sie nicht, wie sehr der Wind den Ball beeinflussen kann, insbesondere auf hügeligem Grün. Auf einem schnellen

Grün wirkt der Wind viel stärker auf den Ball ein als auf einem langsamen; handelt es sich jedoch um eine eher unebene Oberfläche, dann wird der Ball bei jedem kleinen Hüpfer vom Wind erfasst und ändert seine Richtung.

Vergessen Sie bei zwei Breaks auf einem Grün nicht, dass dasjenige, das sich näher am Loch befindet, den Ball stärker beeinflusst. Denn der Ball wird langsamer rollen, sobald er das weiter entfernte Gefälle erreicht.

Bewegen Sie Ihren Putter beim Rückschwung nicht unnötig weit vom Rasen weg. Führen Sie auf diese Weise den gesamten Schlag zu Ende, und denken Sie immer daran, dass das Schlägerblatt genau im rechten Winkel zum Loch stehen muss.

Tauschen Sie nicht ständig Ihren Putter. Lernen Sie Ihren Schläger kennen, sodass er ein Teil von Ihnen wird. Haben Sie nach einiger Zeit dennoch das Gefühl, dass es einfach nicht klappt, üben Sie für eine Weile mit

UNSCHLAGBAR GUT GOLFEN

»Das Putten hat viel mit Weisheit gemein«, sagte der siebenmalige Gewinner eines Major-Turniers Arnold Palmer, hier bei den Los Angeles Open 1967, »es ist teils angeborene Begabung, teils gesammelte Erfahrung.«

einem schwereren Putter. Diesen werden Sie nicht so schnell schwingen können, und ein langsamer, gleichmäßiger Schwung, einem Pendel gleich, ist die halbe Miete, wenn es ums Putten geht. Kehren Sie anschließend zu Ihrem ursprünglichen Putter zurück, in der Hoffnung, dass sich das Problem in Luft aufgelöst hat.

Versteifen Sie sich nicht auf die Annahme, das Putten mit einem anderen Schläger als dem Putter sei streng verboten. Es gibt sehr wohl Gelegenheiten – bestimmte Stymies und wenn man auf einem abschüssigen Grün bergab puttet –, bei denen ein Mashie oder Eisen besser geeignet ist als der übliche Putter. Das Wichtigste ist schließlich, den Ball einzulochen.

Treten Sie nie auf die Puttlinie Ihres Gegners oder Ihre eigene. Ihr Gegner hat sonst das Recht, den Gewinn des Lochs für sich zu beanspruchen.

Egal, ob Sie blutiger Anfänger sind oder genialer Profi wie der grandiose Seve Ballesteros (1957–2011) – Golf kann ein extrem frustrierender Sport sein.

VI. Fehler

Seien Sie nicht übermäßig traurig, wenn Sie den Ball toppen. Dieser Fehler kann leicht vermieden werden, wenn man verstärkt auf die Bewegungen achtet, die ihn auslösen, wie zum Beispiel das Bewegen des Kopfes und das Hochreißen der Arme im Treffmoment.

Scheuen Sie nicht die Mühe, genau zu analysieren, wie Sie einen unbeabsichtigten Slice vermeiden können. Dieser Fehlschlag kostet Strecke, denn bei einem Slice fliegt der Ball nicht sonderlich weit. Überprüfen Sie, ob Sie sich beim Aufwärtsschwung nach rechts neigen. Verinnerlichen Sie, dass das Schlägerblatt die Bewegung sowohl beim Aufwärts- als auch beim Abwärtsschwung einleiten muss.

Geben Sie sich nicht dem Irrglauben hin, ein Pull sei ein harmloser Fehlschlag. Das stimmt nur insofern, als dass der Ball bei einem Pull auch fliegt. Bedenken Sie, dass selbst ein leichter Pull zu einer ungünstigen Lage führt und Sie somit einen wertvollen Schlag kostet. Häufig wird ein Pull durch ein falsches Greifen des Schlägers verursacht.

Versuchen Sie nicht, einen Pull durch einen Slice zu beheben – auch nicht umgekehrt. Tun Sie es doch, werden Sie nur Ihr Ziel aus den Augen verlieren.

Ändern Sie an der höchsten Stelle Ihres Schwungs nicht Ihre Meinung darüber, wie Sie den Schlag ausführen wollen. Das führt nur zu einem sogenannten »Hacker«. Überlegen Sie sich Ihren Schlag, wenn Sie den Ball ansprechen. Halten Sie den Kopf still und führen Sie den Schlag entschlossen aus.

FEHLER

Nehmen Sie das gute alte Sprichwort »Immer mit der Ruhe« nicht übermäßig ernst. Es reicht, wenn Sie beherzigen, dass der Schläger beim Rückschwung nur so schnell sein sollte, dass Sie ihn noch jederzeit stoppen können. Übertreibt man es mit der Ruhe, wird das Gleichgewicht gestört. Finden Sie ein gesundes Mittelmaß.

Vergessen Sie nicht, dass bei allen Eisenschlägern das Schlägerblatt im Treffmoment senkrecht zur Ziellinie stehen sollte.

Stehen Sie nicht zu nah am Ball, aber auch nicht zu weit weg von ihm. Liegt die gesamte Sohle des Schlägerkopfes auf dem Rasen auf, dann ist das der richtige Abstand.

Die maximale Anzahl an Schlägern beläuft sich auf vierzehn, aber Sie können auch ein halbes Set mitnehmen wie dieser Gentleman. Womöglich die einzige halbe Sache, die er gemacht hat.

VII. Schläger

Lassen Sie sich nicht davon abschrecken, mitunter als angeberisch zu gelten, weil Sie ein anständiges Set an Golfschlägern und eine vernünftige Tasche samt Regenhaube mit auf den Platz nehmen. Auch wenn Sie kein Scratch-Golfer sind, spricht nichts dagegen, ordentlich ausgestattet zu sein.

Verlassen Sie sich als Anfänger nicht auf Ihr Urteilsvermögen, wenn Sie ein Golfschläger-Set kaufen möchten. Lassen Sie sich von einem erfahrenen Spieler oder einem Profi begleiten. Können Sie einen solchen nicht ausfindig machen, kaufen Sie Schläger, auf denen der Name eines guten Profis steht.

Seien Sie nicht knauserig beim Kauf eines Schlägers. Ein hoher, aber angemessener Preis zahlt sich langfristig aus.

Kaufen Sie nicht sofort jeden neuen Schläger, der auf den Markt kommt. Misstrauen Sie Schlägern, die versprechen, »alles zu können«.

Geben Sie nicht unnötig Geld für extravagante Griffe aus. Liegt ein Schläger angenehm in der Hand und stimmt die Balance, dann gilt: Je dünner der Griff, desto besser.

Kaufen Sie keinen Golfschläger, der zu schwer ist. Wählen Sie ein Modell aus, das sich gerade schwer genug anfühlt, um kräftig damit schlagen zu können.

Kaufen Sie keine Eisen, die nicht zu Ihren anderen passen; vor allem der Lie-Winkel sollte übereinstimmen. Davon ausgenommen ist natürlich der Putter.

Vernachlässigen Sie nicht die Schäfte Ihrer Schläger. Viele Spieler geben sich große Mühe, ihre Eisen auf Hochglanz zu polieren, vergessen dabei aber vollkommen, dass das leichte Einölen des Schafts beträchtlich zur Langlebigkeit des Golfschlägers beiträgt.

Vergessen Sie nicht, bei nassem Wetter den Schaft Ihrer Schläger mit ein wenig hochwertiger Möbelpolitur einzureiben – ein wunderbares Schutzmittel.

Riskieren Sie bei nassem Wetter keinen Schlag mit einem Driver oder Brassie, bevor Sie nicht das Schlägerblatt mit Kreide eingerieben haben. So wird die Feuchtigkeit absorbiert, und Sie rutschen bei Schlägen nicht ab.

Nehmen Sie zum Training nicht nur Ihre Lieblingsschläger mit auf den Platz. Verwenden Sie diejenigen, die Sie am wenigsten mögen. Denn mit diesen brauchen Sie die meiste Übung. Dennoch empfiehlt es sich, auch einen Ihrer vertrauten Favoriten dabeizuhaben; er kann dazu dienen, die Monotonie zu durchbrechen, und Ihnen in den dunkelsten Momenten das Gefühl geben, dass Sie nicht mit jedem Schläger ein absoluter Versager sind.

Verwenden Sie kein grobes Schmirgelpapier für die Reinigung Ihrer Schläger. Wenn Sie sich Ihres Caddies nicht ganz sicher sind, dann lassen Sie ihn Ihre Schläger ausschließlich mit natürlichem Sand oder dem allerfeinsten Schmirgelpapier reinigen.

Rümpfen Sie nicht die Nase, wenn Sie einen Spieler mit einer Tasche voller unpolierter Schläger sehen. Mehr als ein Weltklassespieler weigert sich, mit glänzenden Schlägern zu spielen. Wahrscheinlich ist an der Theorie, die raue Oberfläche sorge beim

SCHLÄGER

Ballkontakt für mehr Kontrolle, etwas dran; zudem lenkt der leuchtende Stahl das Auge ab, wenn man sich eigentlich konzentrieren muss.

Ziehen Sie nicht ohne ein paar Erste-Hilfe-Artikel für Ihre Golfschläger in Ihrer Tasche los. Ein oder zwei Reißnägel, Bindfaden und eine Rolle Gummi-Klebeband können sehr nützlich sein, wenn provisorische Reparaturen erforderlich sind.

Schütteln Sie die Schläger in der Golftasche nicht mehr als nötig. Anderenfalls nutzt der Lack an den Schäften der längeren Schläger ab, weil diese in Kontakt mit den Köpfen der kürzeren kommen.

Pfeffern Sie Ihre Golftasche nicht auf den Boden. Ihre Schläger sind nicht schuld an Ihrem schlechten Spiel – *sie* haben Ihnen nicht geschadet; warum sollten Sie nun *ihnen* schaden?

Es gibt nichts Nervenaufreibenderes, als vor den Augen der Mitglieder des Golfclubs aufzuteen. Viel Glück!

VIII. Im Clubhaus

Vergessen Sie nicht: Der Golfclub ist eine gesellschaftliche Institution. Sorgen Sie dafür, dass sich Neuankömmlinge willkommen und nicht fehl am Platz fühlen, wenn die alten Hasen sich zusammenscharen, bevor das »Tageswerk« beginnt. Dasselbe gilt für das Ende des Spiels, wenn zum Ausklang von Heldentaten auf dem Platz erzählt wird.

Zeigen Sie im Golfclub keinerlei Form von Überheblichkeit. Ist jemand als Mitglied zugelassen worden, dann hat er jedes Recht dazu, die Privilegien des Clubs zu *genießen*.

Langweilen Sie die anderen Mitglieder nicht mit der detailgenauen Schilderung jeder einzelnen Situation Ihres Spiels. Es kümmert sie nicht im Geringsten, warum Sie Ihren Drive am vierzehnten Tee versemmelt haben oder wie das Wurmhäufchen im Rasen Ihren Putt abgelenkt hat, als Sie kurz davor waren, das Match zu gewinnen.

Stiefeln Sie an einem regnerischen Tag nicht in die Umkleidekabine, ohne vorher den Schlamm von Ihren Schuhen zu kratzen. Ihrem eigenen Hauspersonal gegenüber wären Sie rücksichtsvoller. Warum sollten Sie gegenüber dem Personal des Clubs weniger aufmerksam sein?

Belegen Sie den Waschraum nicht länger als unbedingt nötig. Es gibt noch andere, die sich ebenfalls vor dem Mittagessen frisch machen möchten. Geben Sie ihnen die Möglichkeit dazu und warten Sie, bis Sie zu Hause sind, um ausgiebig zu baden.

IM CLUBHAUS

*Und falls veraltete Regeln Ihres Clubs besagen,
dass Frauen zu bestimmten Bereichen des Clubhauses
keinen Zugang haben, dann tun Sie das einzig Richtige:
Suchen Sie sich einen neuen Club.*

Horten Sie nicht alle Zeitschriften und Zeitungen in der Lounge. Schließlich können Sie immer nur eine lesen, und der andere dort sitzende Herr tauscht sicher gern mit Ihnen, sobald Sie beide die Lektüre eines Blatts beendet haben.

Spornen Sie Nörgler nicht weiter an, indem Sie sich ihr bangloses Gemecker anhören oder gar mit ihnen mitfühlen. Verweisen Sie sie lieber an die Vorstandsmitglieder des Clubs. Sie werden schon wissen, wie man mit jemandem umgeht, der ohne Unterlass mosert. Sollte er sich zu Recht beschweren, wird sich der Vorstand gemäß dem üblichen Clubprotokoll mit dieser Beschwerde befassen.

Beanspruchen Sie an einem kalten Tag nicht den gesamten Kaminbereich für sich. Wenn Sie etwas zur Seite rücken, gibt es ausreichend Platz für alle. So oder so ist es nicht gut für Sie, so nah am Feuer zu sitzen – es macht die Haut spröde.

IM CLUBHAUS

Machen Sie aus dem Golfclub keinen Bridge-Club. Eine entspannte Partie Rubberbridge ist vollkommen in Ordnung, wenn das Wetter zu schlecht zum Golfspielen ist, aber verschwenden Sie keine wertvollen Stunden, wenn Sie eigentlich draußen auf dem Platz stehen könnten.

Versuchen Sie nicht, den Kellner des Clubs dazu zu überreden, etwas zu tun, das gegen die Clubregeln verstößt. Wenn er ein guter Kerl ist, dann wird er alles versuchen, um es Ihnen recht zu machen; doch es ist nicht fair, zu erwarten, dass er seine Anstellung riskiert, nur weil Sie zwischendurch auf einmal Durst bekommen.

Behelligen Sie Ihren Vierer-Partner nicht im Nachhinein mit Schuldzuweisungen. Endeten Ihre gemeinsamen Bemühungen zu gewinnen mit einer bitteren Niederlage, dann haben Sie beide sicherlich das Bedürfnis, Ihre Frustration in Worte zu fassen. Doch Sie sollten das alles besser loswerden, bevor Sie das Clubhaus betreten.

Versäumen Sie nicht, auf das Ankündigungsbrett zu schauen. Es bringt schlichtweg nichts, sich über eine neue Platzregel zu beschweren, von der Sie nichts wussten, wenn Sie sich nicht einmal die Mühe gemacht haben, alle offiziellen Aushänge zu lesen.

Versuchen Sie nicht auf Teufel komm raus, Geld auf Ihr eigenes Spiel oder das eines anderen zu setzen beziehungsweise andere dazu zu animieren. Ein Glücksspiel hier und da kann durchaus amüsant sein, doch jemand, der andauernd auf alles Mögliche setzt, ist ein furchtbarer Langweiler.

Führen Sie Gespräche nicht mit lauter Stimme. Sicherlich gibt es jemanden, der hören möchte, was Sie sagen, aber der Herr, der gerade liest oder seine Strategie für ein bevorstehendes Spiel entwickelt, möchte das zweifellos nicht. Andererseits …

Flüstern Sie nicht. Neben dem eben Erwähnten ist nichts ärgerlicher als jemand, der in einer Ecke verschwörerisch mit seinem Gegenüber tuschelt.

Zwei der ganz Großen des Golfspiels, Ben Hogan (1912–1997) und Arnold Palmer, die bei den Masters im Augusta National Golf Club 1966 vollkommen gelassen wirken.

IX. Kleidung

Tragen Sie keine Stiefel, sofern Sie sich an das Tragen von Halbschuhen gewöhnen können. Letztere verleihen den Gelenken mehr Spielraum als Stiefel; und da Ihr Schwung mitunter durch die Drehung Ihres linken Fußgelenks bestimmt wird, empfiehlt es sich, die Bewegung jener Muskulatur nicht einzuschränken.

Tragen Sie keine Stiefel oder Schuhe, die sich in irgendeiner Weise unangenehm anfühlen, wenn Sie sie vor dem Spiel anziehen. Wenn sie bereits unbequem sind, bevor Sie auf den Platz gehen, dann können Sie sich darauf verlassen, dass die Empfindungen noch unerfreulicher sind, wenn Sie beim achtzehnten Loch angelangt sind.

Tragen Sie kein Schuhwerk, das Ihre Aufmerksamkeit auf Ihre Füße lenkt. Denken Sie daran: Ihr einziger Gedanke sollte dem Vorhaben gelten, den Ball bestmöglich zu platzieren, und das ist unmöglich, wenn Sie anderweitig beschäftigt sind.

Versäumen Sie nicht, Ihre Golfschuhe zu pflegen. Mit etwas Fett oder Öl bleibt das Leder wasserdicht und geschmeidig.

Stellen Sie keine nassen Schuhe in Ihr Schließfach, ohne sie vorher mit Leisten oder Schuhspannern zu versehen. Wenn Sie nichts Derartiges zur Hand haben, stopfen Sie Papier in die Schuhspitzen – so verhindern Sie, dass sich auf dem Spann tiefe Falten bilden.

Tragen Sie an einem nassen Tag keine Schuhe mit Kreppsohle. Damit rutschen Sie auf dem kurzen Gras aus.

Kommen Sie mit Kreppsohlen nicht zu nah ans Feuer. Sollte die gewellte Oberfläche des Gummis abgenutzt sein, bietet es sich an, die Sohle mit einem heißen Draht oder Schüreisen einzukerben.

Treiben Sie Nägel nicht dicht aneinander in die Sohle Ihrer Schuhe. Die Haftung am Boden ist deutlich besser, wenn die Spikes im Abstand von knapp zwei Zentimetern angebracht werden.

Tragen Sie keine Schuhe oder Stiefel mit einer zu dicken Sohle. Ihre Schuhe sollten eine gewisse Biegsamkeit aufweisen, damit Sie, falls erforderlich, auf Zehenspitzen stehen können.

Tragen Sie keinen zu engen Hemdkragen. Ist Ihr Hals nämlich eingeengt, dann werden Sie bei einem Rückschwung den Kopf zur Seite drehen. Und man kann es nicht oft genug sagen: »Denken Sie daran, den Kopf still zu halten.«

Tragen Sie keinen zu hohen Hemdkragen. Zweieinhalb Zentimeter sind vollkommen ausreichend.

Tragen Sie keine Krawatte, die hin und her flattert. Wenn Sie eine lange Krawatte tragen, dann achten Sie darauf, dass sie anständig befestigt ist. Nichts lenkt mehr ab als eine Krawatte, die Ihnen auf einmal ins Gesicht fliegt, wenn Sie gerade dabei sind, zum Schlag auszuholen.

Engen Sie Ihre Taille nicht mit einem straffen Gürtel ein. Sind Ihre Bauchmuskeln fest umwickelt, Ihre Schultern aber frei, dann werden Sie wahrscheinlich überschwingen. Harry Vardon empfiehlt daher Hosenträger anstelle eines Gürtels.

Tragen Sie keine neuen Hosenträger. Deponieren Sie in Ihrem Schließfach ein Extrapaar Hosenträger, und kümmern Sie sich nicht darum, wie alt sie aussehen – Hauptsache, Ihre Kleidung unterwärts befindet sich an Ort und Stelle und Ihre Schultern können sich frei bewegen.

UNSCHLAGBAR GUT GOLFEN

Muster zu kombinieren, mag nicht sonderlich sportlich sein – oder modebewusst –, aber wenn alle Stricke reißen, könnte es zumindest Ihren Gegner ablenken.

KLEIDUNG

Tragen Sie nicht mehr Kleidung, als es Ihr Wohlbefinden und die Konvention verlangen.

Irritieren Sie Ihren Gegner nicht, indem Sie knallige Farben tragen. Ihn mit einem bunten Pullover oder verstörend grellen Golfsocken abzulenken, bedeutet, sich auf perfide Weise einen Vorteil zu verschaffen.

Spielen Sie möglichst nicht in Handschuhen. Wenn es nicht anders geht, wählen Sie welche aus weichem Waschleder mit ausreichend Spielraum.

Stopfen Sie nicht zu viel Krimskrams in Ihre Hosentaschen. Sollten Sie allerdings einen Ball mit Gummikern darin tragen, dann verstärkt Ihre Körperwärme die Federkraft des Gummikerns. Ein nützlicher Tipp ist es also, mit zwei Bällen abwechselnd zu spielen. Bewahren Sie einen in Ihrer warmen Hosentasche auf, während Sie den anderen spielen.

Tragen Sie keine Kopfbedeckung, die Ihr Sichtfeld einschränkt oder Sie vom Ball ablenkt.

Kümmern Sie sich nicht um die *Plus-fours*- oder »Hosenkontroverse«. Tragen Sie das Beinkleid, in dem Sie sich am wohlsten fühlen. Die *plus-fours* sind in Sachen Bewegungsfreiheit für Knie und Knöchel natürlich wärmstens zu empfehlen.

LADYS – versuchen Sie bitte nicht, in einer Nachmittagsgarderobe Golf zu spielen. Das ist nicht nur unbequem, sondern zeugt auch von schlechten Manieren.

KLEIDUNG

Tragen Sie keine dünnen Seidenstrümpfe zur Golfkleidung. Sie sind schlecht für die Füße und wirken fehl am Platz.

Tragen Sie keine hochhackigen Schuhe. Sie schaden Ihrem Gleichgewicht ebenso wie den Grünflächen.

Tragen Sie keinen Schmuck, der Ihren Schwung stören oder Ihren Griff behindern könnte. Perlenketten sowie Diamantringe und -anhänger werten keineswegs das Erscheinungsbild Ihrer Sportkleidung auf.

Vergessen Sie nie: Ganz egal, was draußen auf dem Platz geschieht, sei es etwas Gutes, Schlechtes oder Gemeines – Golf ist nur ein Spiel, wenn auch ein wirklich nervenaufreibendes.

X. Allgemeine Grundsätze

Verlieren Sie nicht den Mut, nur weil Sie vom Tee einen schlechten Abschlag gemacht haben und Ihr Gegner einen sauberen, geraden Drive hingelegt hat. Ein Loch ist erst verloren, wenn es gewonnen wird.

Lassen Sie sich keine Gelegenheit entgehen, eine Runde mit einem guten Golfspieler zu spielen. Sie lernen weitaus mehr, wenn Sie ein Loch an einen Ihnen überlegenen Spieler verlieren, als wenn Sie gegen jemanden gewinnen, der Ihnen unterlegen ist.

Gehen Sie nicht auf den Platz, bevor Sie nicht die Regeln des Spiels gelernt haben. Wenn Sie die Regeln kennen und sich an sie halten, dann können Sie von Ihrem Gegner zu Recht dasselbe erwarten.

Seien Sie nicht der Erste, der die Suche aufgibt, wenn Ihr Gegner seinen Ball verloren hat.

Spielen Sie nicht mit einem schmutzigen Ball. Ein Schwamm in einem Gummietui ist keine kostspielige Anschaffung und erspart Ihnen wahrscheinlich zahlreiche lästige Minuten des Suchens, ganz zu schweigen von verlorenen Bällen. Aber …

Vergessen Sie nicht, vor dem Spiel darauf zu achten, dass der Schwamm feucht ist.

Spielen Sie nicht mit alten Bällen. Auch wenn er noch recht weiß und halbwegs neu aussieht, ist ein Golfball mit Gummikern doch häufig nicht mehr spielbar.

Gehen Sie im Lochspiel kein erhöhtes Risiko ein, wenn es knapp wird. Das mag unsportlich klingen, aber so gewinnt man dieses Spiel.

ALLGEMEINE GRUNDSÄTZE

Unterschätzen Sie nicht, wie viel es bedeutet, das erste Loch zu gewinnen. Es ist ebenso wertvoll wie das achtzehnte.

Vergessen Sie nicht, sich genau zu merken, an welcher Stelle Ihr Ball im Rough aufgekommen ist. Wenn Sie sich bemühen, dies zur Gewohnheit werden zu lassen, sparen Sie Zeit und Geld.

Versäumen Sie nicht, ein Stück Rasen, das jemand anders weggeschlagen, aber nicht zurückgelegt hat, wieder einzufügen. Vielleicht landet Ihr Ball ja in einer anderen Runde an genau dieser Stelle.

Halten Sie andere Spieler nicht auf, während Sie nach einem Ball suchen. Lassen Sie sie durch und …

Hetzen Sie diese Spieler nicht, wenn Sie, just eine Sekunde nachdem Sie sie vorbeigelassen haben, Ihren Ball wiederfinden.

Hampeln Sie nicht herum, wenn Ihr Gegner
aufteet und den Ball anspricht. Jede noch so
kleine Bewegung stört. Und ...

Geben Sie keinen Laut von sich. Sie können
sicherlich mit dem Räuspern warten, bis Ihr
Gegner seinen Golfschlag ausgeführt hat.

Lassen Sie nicht zu, dass Ihr Caddie Ihren
Gegner verärgert, indem er etwas tut, das
Sie selbst nicht tun würden.

Loben Sie nicht das eigene Spiel gegenüber
Ihrem Caddie. Er hat zweifellos eine eigene
Meinung, und es ist angenehmer für Sie,
wenn Sie es dabei belassen.

Fragen Sie nicht danach, das Loch zu tei-
len, sollten Sie sich ihm jemals so knapp
annähern. Lassen Sie Ihren Gegner diesen
Vorschlag machen. Der kurze Putt ist eine
der nervenaufreibendsten Erfahrungen beim
Golfspielen.

ALLGEMEINE GRUNDSÄTZE

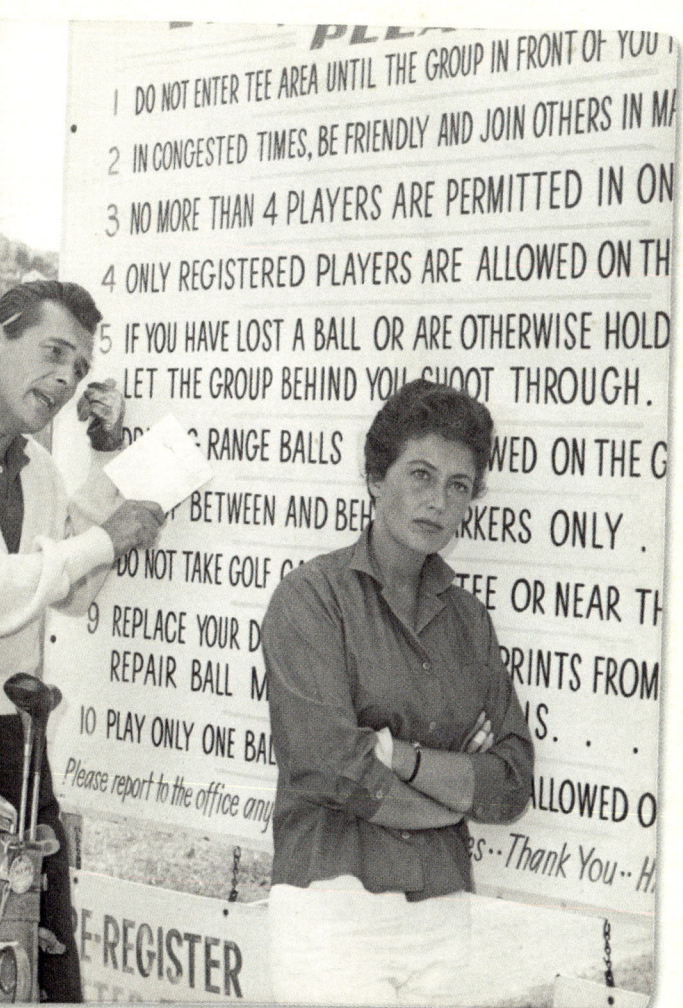

Der Golfsport ist bekannt für seine Gepflogenheiten, Höflichkeiten und Grundsätze. Das Unvermögen, sich an diese zu halten, sorgt nicht selten für Probleme.

Vergessen Sie nicht Ihren Partner, wenn Sie einen Vierer spielen. Fragen Sie ihn um Rat, wenn er ein besserer Spieler als Sie ist. Sollte er hingegen der schwächere Spieler sein, dann erwarten Sie nicht zu viel von ihm. Denken Sie daran: Sie spielen zum Vergnügen. Geben Sie ihm nicht das Gefühl, er lasse Sie im Stich.

Verkünden Sie nach einer Niederlage nicht, Sie hätten außerordentlich schlecht gespielt. Gönnen Sie Ihrem Gegner die Freude über seinen Sieg.

Werten Sie Ihr eigenes Spiel nicht ab, wenn Sie gewonnen haben. Lassen Sie Ihren Gegner in dem Glauben, es handele sich um einen äußerst schwer errungenen Sieg.

Äußern Sie kein Mitgefühl, wenn Ihr Gegner einen Schlag schlecht ausführt, aber ...

Vergessen Sie nicht, seine guten Schläge zu loben.

ALLGEMEINE GRUNDSÄTZE

Bestehen Sie bei einem Freundschaftsspiel nicht darauf, um Geld oder einen anderen Einsatz zu spielen. Manche Menschen setzen auf alles Mögliche; wenn Sie jedoch das Spiel als solches nicht genießen können, werden Sie nie ein wahrer Golfer.

Reden Sie nicht ununterbrochen während einer Golfrunde. Es handelt sich um ein Spiel, bei dem man nachdenken muss und schweigen besser als plappern ist.

Spielen Sie nicht zu viel Golf. Zwei Runden an einem Tag – zu welchem Zeitpunkt auch immer – reichen vollkommen aus.

Lassen Sie nicht zu, dass sich Ihr Spiel abnutzt. Wenn Sie merken, dass es auf dem Platz nicht mehr läuft, vergessen Sie Golf schlichtweg für eine Weile. Sie werden merken: Wenn Sie nach der Pause von Neuem beginnen, können Sie sich besser mit dem Problem auseinandersetzen. Zu heftiges Grübeln über das Warum und Weshalb sorgt erst recht für total verpatzte Schläge.

UNSCHLAGBAR GUT GOLFEN

Sollten Sie einen kühnen Schlag aus einem Wasserhindernis heraus wagen wollen, ähnlich dem des US-Amerikaners Jack Neville (1892–1986) in St. Andrews 1923, dann vergewissern Sie sich, dass ein ausgebildeter Rettungsschwimmer vor Ort ist.

ALLGEMEINE GRUNDSÄTZE

Seien Sie nicht übernervös, wenn es darum geht, einen schwierigen Schlag zu planen. Bleiben Sie locker, dann werden Sie das Glück auf Ihrer Seite haben. Sorgen Sie sich jedoch zu viel, geht bestimmt etwas schief. Andererseits ...

Glauben Sie nicht, es gebe Schläge, die *kein* strategisches Denken im Vorfeld benötigen. Denn dem ist nicht so. Und wenn Sie in der Lage sind, einige Schläge vorauszuberechnen, dann ist das noch besser. Versuchen Sie, Ihren Angriff für sämtliche Löcher zu planen. Überlegen Sie sich vor jedem Schlag ganz genau, wo Ihr Ball landen soll, und führen Sie anschließend Ihren Schlag zielstrebig aus.

Geben Sie Ihrem Gegner nicht das Gefühl, Sie würden ihn im Auge behalten, für den Fall, dass er gegen eine der Regeln verstößt. Und verhalten Sie sich nicht so, als würden Sie jeden einzelnen seiner Golfschläge zählen. Sie haben ausreichend damit zu tun, auf Ihre eigene Schlagzahl achtzugeben.

Rechnen Sie Ihre Schläge nicht erst aus, wenn Sie am Loch angelangt sind. Zählen Sie jeden Schlag direkt, nachdem er ausgeführt wurde. So unterlaufen Ihnen weniger Rechenfehler.

Streiten Sie nicht mit Ihrem Gegner über dessen Score. Vertrauen Sie auf sein Wort, und nehmen Sie Niederlagen mit Würde hin.

Zerreißen Sie nicht aus Verzweiflung Ihre Karte – es sei denn, Ihre Niederlage steht hundertprozentig fest. Beim Golfen gilt: Man kann nie sicher sein.

»Verschenken« Sie nichts, wenn Sie im Team spielen. Wenn Sie allein spielen und gern großzügig sind, dann ist das Ihre Sache. Sind Sie hingegen Teil eines Teams, dann spielen Sie nun einmal nicht allein, und Ihr Team erwartet, dass Sie GEWINNEN.

Verderben Sie Ihren Caddie nicht für andere Menschen, indem Sie ihm zu viel bezahlen. Wenn er es schafft, Ihren Ball aus einem

ALLGEMEINE GRUNDSÄTZE

Wasserhindernis zu bergen, oder sich auf andere Weise hervortut, können Sie ihm natürlich mit gutem Grund ein kleines Trinkgeld geben. Wenn Sie ihm jedoch regelmäßig Geld zustecken, machen Sie es einem weniger wohlhabenden Spieler in der Zukunft unnötig schwer.

Beschweren Sie sich nicht über Stymies, also über Bälle, die in Ihrer Puttlinie liegen. Sie gehören zum Spiel dazu. Die meisten Stymies sind keine unüberwindbaren Hürden. Mit etwas Übung können Sie es schaffen, um den Ball Ihres Gegners herum oder über ihn hinweg zu spielen – vorausgesetzt, Sie sind nicht davon überzeugt, ein Stymie sei ein Ding der Unmöglichkeit.

Scheuen Sie sich nicht davor, eine Scorekarte mitzunehmen. Selbst wenn Sie kein wichtiges Spiel absolvieren, ist es hilfreich, Ihre Schläge zu zählen und festzuhalten; außerdem kann es Ihnen als Anreiz dienen, sich zu verbessern.

Wenden Sie sich nicht Rat suchend an Ihren Caddie, um seiner Empfehlung anschließend absichtlich nicht zu folgen. Handelt es sich um Ihren festen Caddie, dann kann er Ihr Spiel besser einschätzen als Sie selbst, und in jedem Fall sind ihm die Beschaffenheit und der Zustand des Golfplatzes höchstwahrscheinlich vertrauter als Ihnen.

Machen Sie Ihrem Caddie, sollten Sie seinem Rat gefolgt sein, keine Vorwürfe, falls Ihr Schlag misslingt. Er wird ansonsten in Zukunft zurückhaltender mit seinen Ratschlägen sein und eher denken, Ihre schlechte Ausführung sei schuld, nicht seine Theorie.

Stecken Sie den Flaggenstock nicht ins Grün, wenn Sie ihn aus dem Loch nehmen.

Werfen Sie Ihre Golftasche nicht aufs Grün, wo sie womöglich Ihr Sichtfeld oder das Ihres Gegners beim Putten einschränkt.

ALLGEMEINE GRUNDSÄTZE

Gute Caddies sind nicht nur Taschenträger. Sie sind auch Motivatoren und Vertrauenspersonen – Zuhörer und eine Schulter, an der man sich ausheulen kann. Doch in erster Linie sind sie Taschenträger.

Legen Sie nicht die falsche Form von Selbstvertrauen an den Tag. Das richtige Selbstvertrauen gibt Ihnen das Gefühl, dass Sie mit genügend Übung eines Tages in der Lage sein werden, Golf zu spielen. Die falsche Form von Selbstvertrauen hingegen gibt Ihnen das Gefühl, Sie wären bestimmt ein erstklassiger Golfspieler, wenn Sie nur endlich einmal üben würden.

Üben Sie nicht bis zur Verdrossenheit. Üben Sie so lange, bis Sie sich halbwegs sicher fühlen, einen bestimmten Schlag zu einer bestimmten Zeit erneut abrufen zu können, und genießen Sie dann ein gutes Spiel.

ALLGEMEINE GRUNDSÄTZE

Machen Sie sich keine Gedanken, wenn Sie in Bezug auf das Ausführen eines bestimmten Schlags einen Tipp oder eine Anweisung Ihren Golfschwung betreffend erhalten haben und Ihr Spiel dadurch eine Zeit lang beeinträchtigt ist. Bis Sie die Methode tatsächlich verinnerlicht haben, sind negative Effekte praktisch vorprogrammiert. Bleiben Sie am Ball, bis Sie die Technik beherrschen, ohne darüber nachzudenken.

Denken Sie nicht an die Schwierigkeiten, welche sich neben dem Fairway und den Bunkern, die zwischen Abschlag und Grün liegen, ergeben. Konzentrieren Sie sich darauf, dass, solange Sie den Kopf still halten und den Blick auf den Ball richten, Sie nichts davon abhalten kann, einen Golfschlag auszuführen, der den Ball geradeaus fliegen lässt und nicht bestraft wird.

UNSCHLAGBAR GUT GOLFEN

Wenn es darum geht, die Winkel Ihres Golfschwungs zu perfektionieren, dann ist ein Augenblick der Selbstreflexion wärmstens zu empfehlen – und Sie können zudem überprüfen, wie adrett Sie aussehen.

ALLGEMEINE GRUNDSÄTZE

Wagen Sie keine Experimente, wenn Sie sich in einem Matchplay befinden. Das Experimentieren sollten Sie sich für Übungsspiele aufheben. Bei Wettspielen erzielen Sie das beste Ergebnis mit den Schlägen, bei denen Sie sich am sichersten fühlen.

Lassen Sie nicht zu, dass Ihre Ambition Ihr Urteilsvermögen beeinträchtigt. Sobald Sie alle Golfschläge beherrschen, basiert Ihr Spiel auf dem Urteilsvermögen, mit dem Sie Ihre Schläge ausführen. Finden Sie heraus, wo Ihre Grenzen liegen, und lassen Sie sich bei einem Matchplay nicht dazu verleiten, Ihr Glück herauszufordern, indem Sie einen Schlag ausprobieren, den Sie noch nicht einmal unter normalen Bedingungen geschafft haben. Ihre Schwächen lassen sich durch Übung verringern.

Verlieren Sie nicht die Beherrschung, weder gegenüber Ihrem Gegner noch gegenüber Ihrem Caddie oder Ihren Schlägern und vor allem nicht gegenüber sich selbst. Wenn Sie ein fürchterliches Spiel abliefern, nehmen Sie sich das nicht zu sehr zu Herzen. Letzten Endes handelt es sich bloß um ein Spiel, und es wird nur dann unangenehm, wenn Sie es zu ernst nehmen.

Ignorieren Sie nicht die Tipps Ihres Caddies, nur weil er ein junger Bursche ist. Viele dieser jungen Leute haben dadurch, dass sie gute Spieler auf dem Platz begleitet haben, mehr Golfwissen aus erster Hand angesammelt, als Sie sich jemals mithilfe eines Lehrbuchs aneignen könnten.

Vergessen Sie nicht, dass eine Unze Übung so viel wert ist wie ein Pfund Theorie. Selbst wenn Sie so viele Bücher über Golf lesen wie nur möglich – das gesamte niedergeschriebene Wissen der herausragendsten Golfspieler ist keinen Heller wert, wenn Sie nicht selbst das Spiel üben.

ALLGEMEINE GRUNDSÄTZE

Unterschätzen Sie nicht die Bedeutung des Stils. Manche Anfänger geben sich damit zufrieden, den Ball auf irgendeine Art weiterzuschlagen, doch tatsächlich sind Präzision und Kontrolle der Inbegriff von Stil.

Geben Sie Ihren Schlägern nicht die Schuld an Ihren eigenen Fehlern, die womöglich leicht vermieden werden können, indem Sie sich näher mit der Art und Weise befassen, wie Sie die Ausrüstung verwenden. Sollte Sie ein Golfschläger nach sorgfältiger Erprobung weiterhin enttäuschen, versuchen Sie es mit einem anderen. Es bringt nichts, sich mit einem Schläger abzumühen, dem Sie nicht vertrauen.

Verlieren Sie nicht den Kopf, nur weil Sie den Ball vollkommen verfehlt haben. Im Gegenteil: Halten Sie Ihren Kopf ruhig, wenn Sie den Schlag wiederholen. Manche Anfänger sind nach einem Luftschlag so durcheinander, dass sie wie wild drauflosschlagen, und das nicht nur einmal, sondern gleich mehrfach.

Seien Sie nicht frustriert, wenn Sie schlecht geschlagen haben. Es gibt einfach solche Tage, an denen nichts zu funktionieren scheint. Versuchen Sie, sich an die Stellen zu erinnern, an denen Ihnen das Glück hold war. Sie werden wahrscheinlich feststellen, dass es nicht so sehr das Glück war, das Sie im Stich gelassen hat, sondern dass Sie den Schlag schlicht nicht anständig ausgeführt haben. Seien Sie guten Mutes und machen Sie es beim nächsten Mal besser.

Machen Sie Golf nicht zu Ihrem einzigen Gesprächsthema. Es gibt einige ansonsten durchaus intelligente Menschen, die keine Golfer sind. Sie werden Nicht-Golfer niemals bekehren, wenn Sie sie mit endlosen Ausführungen zum altehrwürdigen Spiel langweilen.

ALLGEMEINE GRUNDSÄTZE

Verpassen Sie nicht die Schönheit der Natur, weil das Spiel Sie zu sehr in Beschlag nimmt. Es wird Ihr Vergnügen deutlich steigern und Ihr Spiel verbessern, wenn Sie Ihren Augen hin und wieder eine Auszeit gönnen und den Blick über die Landschaft schweifen lassen.

Überfordern Sie den Anfänger nicht. Der Durchschnittsspieler, der regelmäßig trainiert, ist gut in Form und kann ohne Weiteres zwei Runden täglich absolvieren. Nehmen Sie allerdings einen Anfänger mit auf den Platz, dann sollten Sie bedenken, dass dieser drei- bis viermal so viel körperliche Energie verbraucht, da er noch nicht anständig spielt, und dass übertriebene Anstrengung zu Blasen an den Händen und schmerzenden Gliedmaßen führen wird.

Nehmen Sie sich keinen Caddie, es sei denn, es handelt sich um einen wirklich guten. Ein guter Caddie lohnt sich immer. Ein schlechter hingegen ist ein permanentes Ärgernis. Tragen Sie Ihre Golftasche lieber selbst, anstatt einen unnötigen Schlag zu riskieren, nur weil Sie einen schlechten Caddie engagiert haben.

Vergessen Sie nicht die Regeln des Spiels und erst recht nicht die Etikette. Sie können sich höchst unbeliebt machen, wenn Sie sich streng an die Regeln halten, aber die Gepflogenheiten des Spiels vernachlässigen.

Kaufen Sie Golfbälle nicht beim Caddie oder bei einer anderen zum Verkauf von Bällen nicht zugelassenen Person. Es empfiehlt sich, Ihren Ball mit einem wiedererkennbaren Zeichen prägen zu lassen und sämtliche auf dem Platz gefundenen Bälle dem Caddie-Master zu übergeben. Jemand anderes könnte das Gleiche für Sie tun.

ALLGEMEINE GRUNDSÄTZE

Golf ist ein Spiel für jedes Alter, und wenn Sie die jüngere Generation dafür begeistern, können Sie sich gleichzeitig die Mühe sparen, Ihre Tasche selbst zu tragen.

Scheuen Sie sich nicht, einem anderen Mitglied, das keinen Partner hat, anzubieten, mit ihm zu spielen. Viele langjährige Freundschaften haben mit einer Runde Golf angefangen. Ist Ihr Handicap hoch, erhalten Sie womöglich einige nützliche Tipps, wie Sie es reduzieren können, und wenn Sie der stärkere Golfer sind, dann helfen Sie der anderen Person, ihr Spiel zu verbessern.

Beeilen Sie sich nicht über die Maßen, wenn Sie von einem überfüllten ersten Tee abschlagen. Treten Sie zügig vor, wenn Sie an der Reihe sind, aber vergessen Sie aufgrund der Tatsache, dass andere Ihnen zuschauen, nicht: »Langsamer Rückschwung und den Kopf ruhig halten.«

ALLGEMEINE GRUNDSÄTZE

Rennen Sie nach dem Abschlag nicht sofort Ihrem Ball hinterher. Merken Sie sich die Stelle, an der er gelandet ist, und gehen Sie anschließend in Ihrer üblichen Geschwindigkeit in diese Richtung.

Sorgen Sie sich nicht um die exakte Stelle auf dem Abschlagplatz, um Ihren Ball aufzuteen. Suchen Sie lieber einen guten Ort für Ihre Füße. Das Tee sorgt für die richtige Position Ihres Balls, doch nichts verschafft Ihrem Stand mehr Sicherheit als Ihre Füße, wenn Sie den Boden deutlich darunter spüren.

Machen Sie keinen Probeschwung in der Nähe des Abschlagplatzes, wenn andere Menschen dort ihre Bälle ansprechen. Das Geräusch, das Ihr Schläger verursacht, kann störend wirken, selbst wenn Sie sich außerhalb des Sichtfelds der anderen befinden.

UNSCHLAGBAR GUT GOLFEN

Jack Nicklaus (geb. 1940) gewann achtzehn Major-Turniere, wein Weltrekord, und gilt als der beste Golfer aller Zeiten. Doch selbst er hat ab und an danebengeputtet.

ALLGEMEINE GRUNDSÄTZE

Tanzen Sie nicht aus der Reihe. Wenn Ihrem Gegner die Ehre zugesprochen wird, achten Sie darauf, dass er sie auch bekommt, und sehen Sie umgekehrt zu, dass Sie als Erster abschlagen, wenn Sie die Ehre haben. Es wird häufig vergessen, dass derjenige, der als Erster den Ball spielt, das Terrain erkundet und dass der Zweite dadurch wertvolle Informationen über den Wind, die Geschwindigkeit des Fairway und die erforderliche Distanz erhält.

Lassen Sie nicht zu, dass Ihr Spiel schwächelt, wenn der Sieg zum Greifen nah ist, nur weil Ihr Gegner, obwohl er es nicht mit zwei Schlägen auf das Grün schafft, mit vier einlocht. Denken Sie immer daran: Führen wird letztlich der konstant starke Spieler, der sich nie aufregt und sich von Missgeschicken nicht entmutigen lässt.

Erwarten Sie nicht, in Topform für eine Nachmittagsrunde Golf zu sein, nachdem Sie sich ein schweres Mittagessen gegönnt haben. Nehmen Sie stattdessen lieber eine leichte Mahlzeit zu sich, und ruhen Sie sich anschließend eine halbe Stunde lang in einem Sessel aus, bevor Sie wieder auf den Platz gehen. Ohne die Beeinträchtigung durch einen zu vollen Bauch werden Sie die halbe Stunde während des Golfens problemlos wieder einsparen.

Stürzen Sie kein großes, kaltes Getränk in einem Zug hinunter, wenn Sie beim Golfspielen an einem heißen Tag Durst verspüren. Die beste Methode, Ihren Durst zu stillen, ist, den Mund mit kühlem Wasser zu spülen und dabei so wenig wie möglich hinunterzuschlucken. Wenn Sie meinen, doch schlucken zu müssen, dann trinken Sie in kleinen Schlucken.

ALLGEMEINE GRUNDSÄTZE

Vergessen Sie nicht, dass Sie gemäß den Golfregeln das Recht haben, bestimmte Hindernisse zu entfernen. Bedenken Sie beim Spielen: Selbst wenn das Hindernis Ihren Schlag nicht direkt beeinträchtigt, kann es Sie ablenken und Ihre Konzentration stören.

Öffnen Sie eine Blase an Ihrer Hand nicht, indem Sie mitten hineinstechen. Halten Sie stattdessen die Spitze einer Nadel für einige Augenblicke in die Flamme eines Streichholzes, um sie zu sterilisieren. Stechen Sie die Nadel anschließend durch die unversehrte Haut in die Blase. Auf diese Weise kann das Wasser aus dem Inneren der Blase ablaufen, ohne dass diese aufplatzt, und die obere Hautschicht schält sich erst ab, wenn die untere Hautschicht nicht mehr so empfindlich ist.

Seien Sie nicht pessimistisch. Zu Beginn eines Spiels bereits davon auszugehen, dass Sie kein gutes Resultat erzielen werden, fördert das schlechte Ergebnis.

Übertreiben Sie es an den golffreien Tagen nicht mit dem Essen und Trinken in der Erwartung, die überschüssigen Pfunde bei einer »anständigen Partie« Golf wieder abarbeiten zu können. Zwar werden Sie in irgendeiner Weise Golf spielen, aber es wird sich dabei nicht um ein »anständiges« Spiel handeln. Körperliche Fitness ist für Golf ebenso wichtig wie für jede andere Sportart, bei der Geist und Muskeln zusammenarbeiten müssen.

Belasten Sie Ihre Augen nicht übermäßig. Wenn Sie gewöhnlich eine Brille tragen, setzen Sie zum Golfen eine mit großen Gläsern auf, vorzugsweise eine randlose. Der Brillenrand kann Sie ablenken, sodass Sie sich beim Schwingen des Schlägers nicht mehr ausschließlich auf den Ball konzentrieren.

Lassen Sie Ihre Muskeln nicht hart und steif werden, wenn Sie gerade nicht ordentlich mit Ihren Schlägern trainieren können. Ein paar einfache Übungen am Morgen sorgen dafür, dass Sie geschmeidig bleiben. Sollten Sie im

Inneren des Hauses ausreichend Platz haben, um einen Schläger zu schwingen, dann tun Sie das. Trainiert man den Golfschwung drinnen, empfiehlt es sich, ein zusammengeknülltes Blatt Papier anstelle eines Balls zu verwenden, damit man etwas hat, gegen das man schlagen kann.

Seien Sie nicht zu angespannt zwischen zwei Schlägen. Sie werden sich im richtigen Augenblick besser konzentrieren können, wenn Sie sich bis dahin entspannen und die Dinge gelassen angehen.

Seien Sie nicht aufgeregt. Beim Golfspielen geht es sowohl um Nerven als auch um Können. Bei einem Matchplay ist der halbwegs gute Spieler, der seine Nerven unter Kontrolle hat, dem brillanten Spieler, der hektisch wird, sobald er vor Publikum spielt, haushoch überlegen. Andrew Kirkaldy (1860–1934) drückte es so aus: Um ein Match zu gewinnen, braucht man »einfach nur gesunden Menschenverstand«.